OXFORD
First
French Words

Illustrated by David Melling
Compiled by Neil Morris

OXFORD
UNIVERSITY PRESS

For Bosiljka, Branko and Igor Sunajko.

D.M.

OXFORD
UNIVERSITY PRESS

Great Clarendon Street, Oxford OX2 6DP

Oxford University Press is a department of the University of Oxford.
It furthers the University's objective of excellence in research, scholarship,
and education by publishing worldwide in

Oxford New York

Auckland Bangkok Buenos Aires Cape Town Chennai
Dar es Salaam Delhi Hong Kong Istanbul Karachi Kolkata
Kuala Lumpur Madrid Melbourne Mexico City Mumbai Nairobi
São Paulo Shanghai Singapore Taipei Tokyo Toronto

with an associated company in Berlin

Oxford is a registered trade mark of Oxford University Press
in the UK and in certain other countries

Illustrations copyright © David Melling 1999

Text copyright © Oxford University Press 1999

Database right Oxford University Press (maker)

First published in hardback 1999
First published in paperback 2000
Bilingual edition 2002

British Library Cataloguing in Publication Data available

ISBN 0-19-910954-0

French translation by Natalie Pomier

1 3 5 7 9 10 8 6 4 2

Printed in Italy by G. Canale & C. S.p.A.

Contents

Regarde-Moi!
Look at Me

la poitrine
chest

la jambe
leg

le pied
foot

l'orteil
toe

le coude
elbow

le dos
back

les fesses
bottom

le doigt
finger

le ventre
tummy

le genou
knee

la main
hand

les cheveux
hair

le bras
arm

la tête
head

les épaules
shoulders

le visage
face

la joue
cheek

l'oreille
ear

l'œil
eye

le menton
chin

la bouche
mouth

les dents
teeth

la langue
tongue

le cou
neck

le nez
nose

la fille
girl

le garçon
boy

Notre Maison
Our House

le toit
roof

la poubelle
dustbin

le portillon
gate

l'escalier
stairs

la cheminée
chimney

la clôture
fence

le garage
garage

la fenêtre
window

la porte
door

le chien
dog

le chat
cat

le lapin
rabbit

l'araignée
spider

l'escargot
snail

le courrier
letters

le sac postal
postbag

la feuille
leaf

la fleur
flower

l'arbre
tree

On Va à l'École
Off to School

le trottoir
pavement

le réverbère
lamp-post

la cour de récréation
playground

la rue
street

le passage
pour piétons
zebra crossing

l'école
school

le feu de
circulation
traffic lights

le magasin
shop

l'église
church

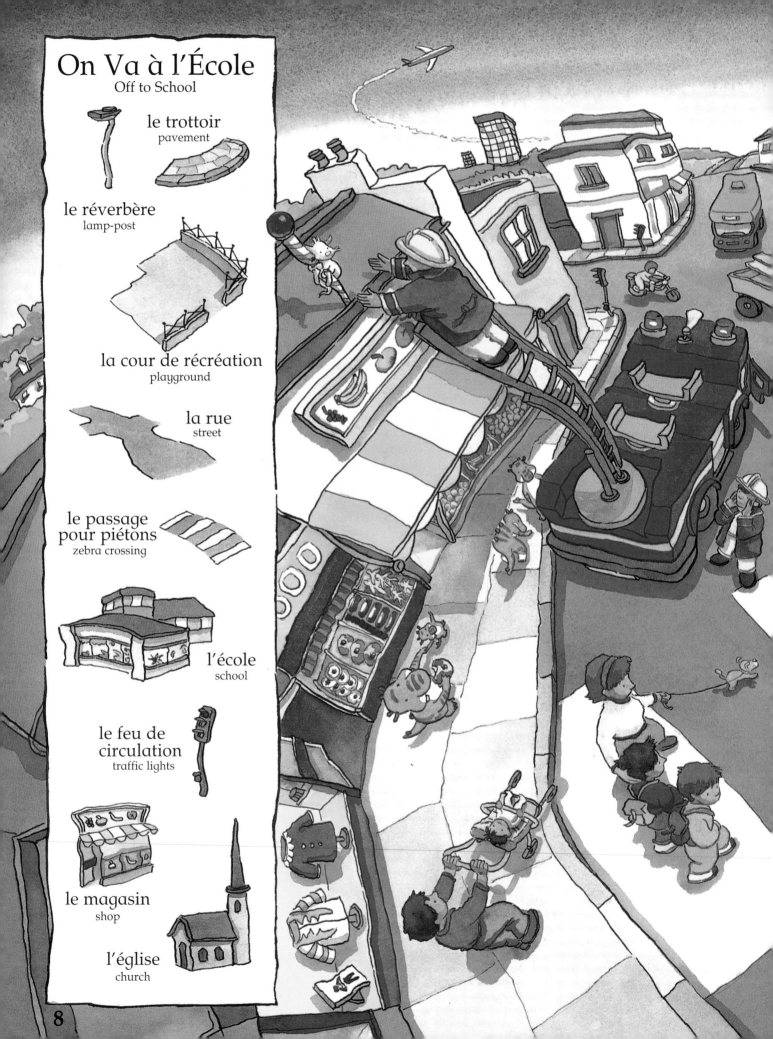

8

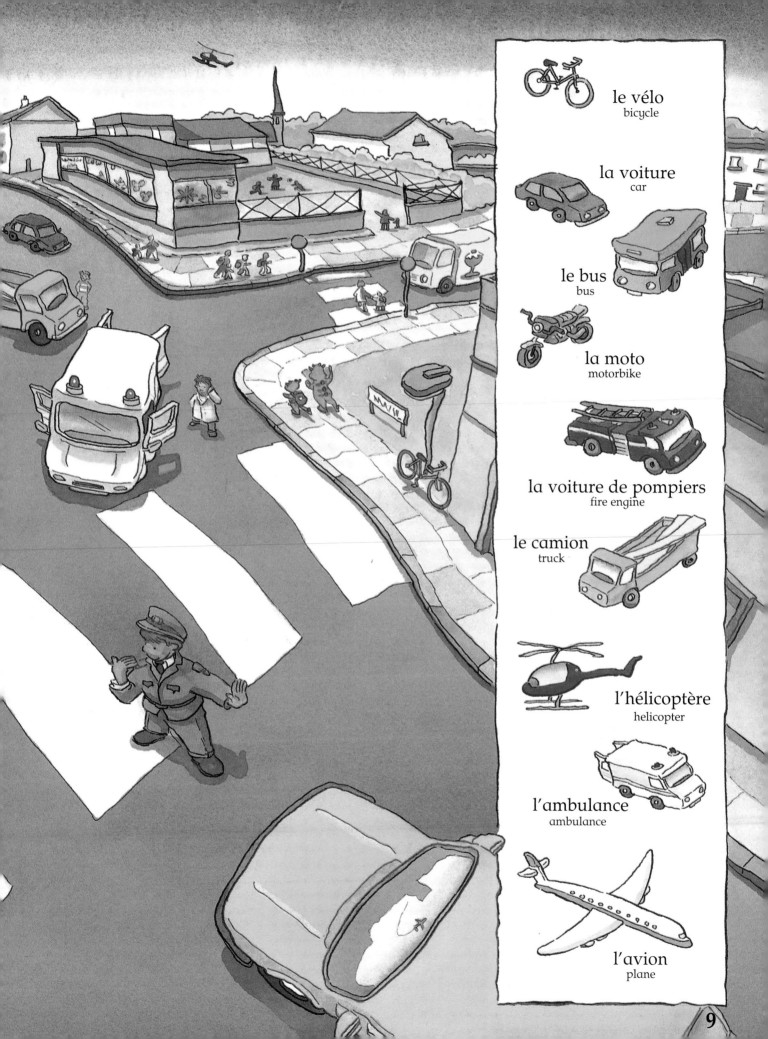

le vélo
bicycle

la voiture
car

le bus
bus

la moto
motorbike

la voiture de pompiers
fire engine

le camion
truck

l'hélicoptère
helicopter

l'ambulance
ambulance

l'avion
plane

9

À l'École
At School

le cartable
schoolbag

le livre
book

**la boîte
à goûter**
lunch box

l'ardoise
blackboard

la craie
chalk

le globe
globe

le bureau
desk

l'aimant
magnet

la poubelle
bin

le magnétophone
cassette recorder

la cassette
cassette

la règle
ruler

l'ordinateur
computer

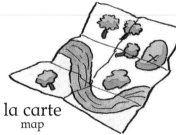

la carte
map

la disquette
disk

le dé
dice

le clavier
keyboard

la souris
mouse

11

Les Couleurs
Colours

noir
black

marron
brown

gris
grey

rose
pink

rouge
red

jaune
yellow

bleu
blue

vert
green

orange
orange

violet
purple

blanc
white

le tablier
overalls

la colle
glue

le dessin
painting

le pinceau
paintbrush

les pots de peinture
paints

le crayon
pencil

le papier
paper

les ciseaux
scissors

le feutre
felt pen

le chevalet
easel

13

Les Professions
Professions

le facteur
postman

le maçon
builder

le médecin
doctor

la femme policier
police officer

la vétérinaire
vet

le joueur de foot
footballer

le pompier
firfeighter

le chauffeur de bus
bus driver

14

le conducteur de train
train driver

le chanteur de pop
pop star

le pilote
pilot

la danseuse
dancer

l' homme-grenouille
diver

le cuisinier
cook

l'astronaute
astronaut

le surveillant de baignade
lifeguard

15

Autrefois
In the Past

Les dinosaures:
Dinosaurs

il y a 200 millions d'années
200 million years ago

le tyrannosaure
Tyrannosaurus Rex

le stégosaure
Stegosaurus

le diplodocus
Diplodocus

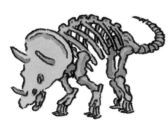

le squelette du tricératops
Triceratops skeleton

le fossile
fossil

l'os
bone

16

Les hommes préhistoriques:
Stone Age Man
il y a 10 000 ans
10,000 years ago

la grotte
cave

le silex
flint

la peinture rupestre
cave painting

le feu
fire

Les Égyptiens:
Ancient Egyptians
il y a 5 000 ans
5,000 years ago

la pyramide
pyramid

le sphinx
sphinx

le pharaon
Pharaoh

Les Romains:
Ancient Romans
il y a 2 000 ans
2,000 years ago

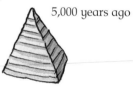

la poterie
pottery

les pièces
coins

le soldat
soldier

17

Les Courses
Going Shopping

le chariot
trolley

le panier
basket

la caisse
cash register

le pain
bread

le gâteau
bun

la confiture
jam

les céréales
cereal

les pommes de terre
potatoes

les saucisses
sausages

les spaghetti
spaghetti

18

le lait
milk

le yaourt
yoghurt

le fromage
cheese

les œufs
eggs

la pomme
apple

la banane
banana

l'orange
orange

la tomate
tomato

la carotte
carrot

la salade
lettuce

Les Monstres
Monsters

la cuisinière
cooker

le frigo
fridge

la machine à laver
washing machine

la casserole
saucepan

le fer à repasser
iron

la tasse
cup

le bol
bowl

le couteau
knife

la fourchette
fork

la bouilloire
kettle

l'assiette
plate

la cuillère
spoon

la soucoupe
saucer

la chaise
chair

la théière
teapot

le coussin
cushion

le canapé
sofa

la chaîne stéréo
stereo

la table
table

la télévision
television

le magnétoscope
video recorder

l'aspirateur
vacuum cleaner

On Joue
Playtime

la maison de poupées
doll's house

la poupée
doll

le jeu
game

la voiture de course
racing car

le robot
robot

le puzzle
jigsaw puzzle

le nounours
teddy

le petit train
train set

22

le tambour
drum

la guitare
guitar

le synthétiseur
keyboard

le microphone
microphone

la trompette
trumpet

la flûte à bec
recorder

les cymbales
cymbals

le bracelet
à clochettes
bells

le tambourin
tambourine

23

À la Ferme
At the Farm

le cheval
horse

la poule
chicken

le coq
cock

le canard
duck

l'oie
goose

le mouton
sheep

la chèvre
goat

le cochon
pig

la vache
cow

24

le tracteur
tractor

le ruisseau
stream

le pont
bridge

le champ
field

la forêt
forest

le foin
hay

la colline
hill

l'épouvantail
scarecrow

25

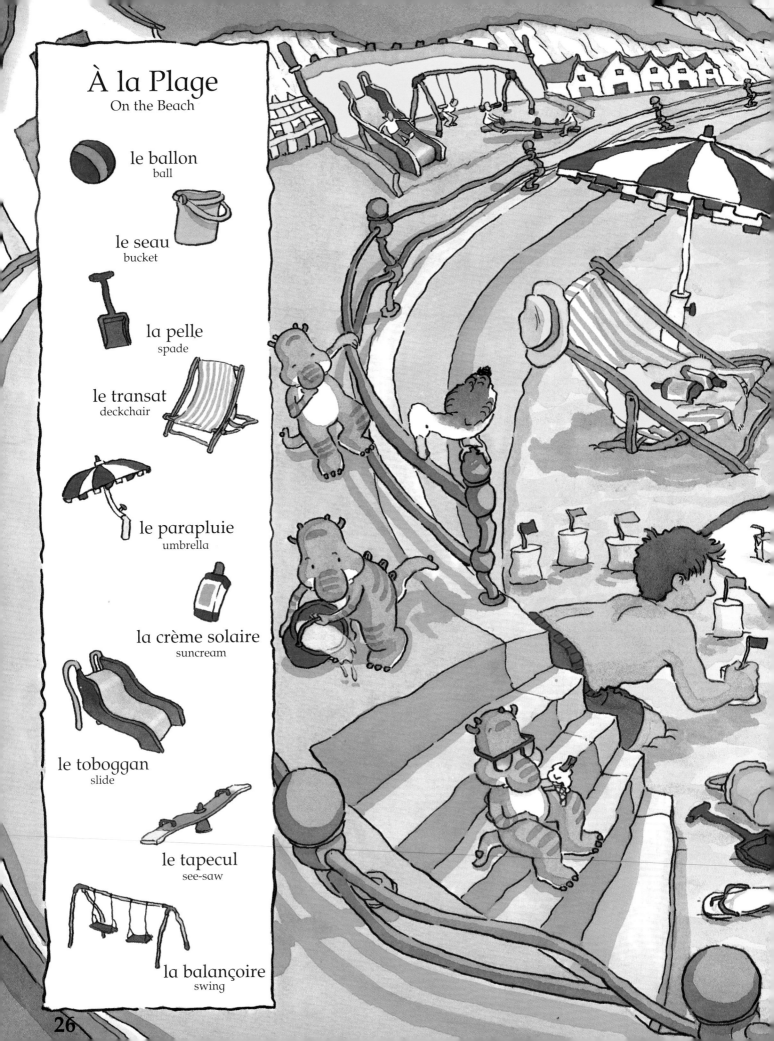

À la Plage
On the Beach

le ballon
ball

le seau
bucket

la pelle
spade

le transat
deckchair

le parapluie
umbrella

la crème solaire
suncream

le toboggan
slide

le tapecul
see-saw

la balançoire
swing

le bateau
ship

le phare
lighthouse

le château de sable
sandcastle

la mouette
seagull

le coquillage
shell

le crabe
crab

la pieuvre
octopus

l'étoile de mer
starfish

les algues
seaweed

27

Fêtes et Goûters
Parties and Tea-Parties

la carte
d'anniversaire
birthday card

la bougie
candle

le ballon
balloon

le cadeau
present

le serpentin
streamer

la langue de belle-mère
party blower

le chapeau
party hat

la baguette magique
wand

le magicien
magician

28

les bonbons
sweets

le sandwich
sandwich

la pizza
pizza

la glace
ice cream

le chocolat
chocolate

le biscuit
biscuit

la paille
straw

la boisson
drink

le gâteau
cake

Les Animaux
Animals

l'éléphant
elephant

le crocodile
crocodile

la giraffe
giraffe

le poisson
fish

l'hippopotame
hippopotamus

le kangourou
kangaroo

le singe
monkey

le koala
koala

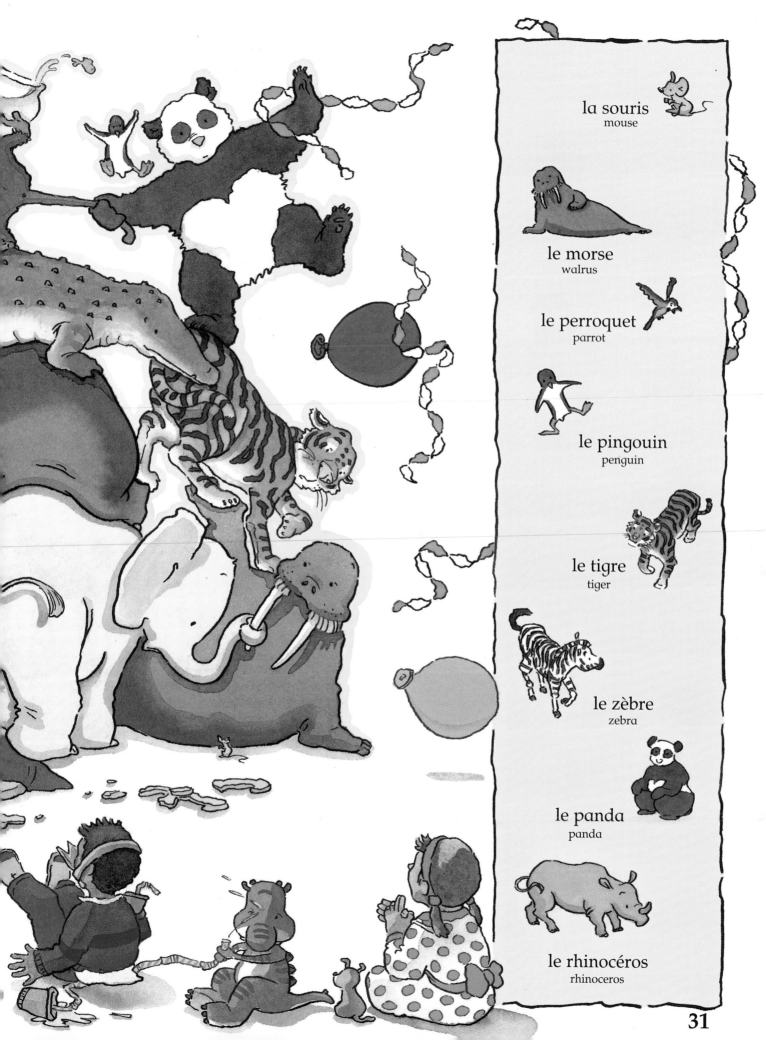

la souris
mouse

le morse
walrus

le perroquet
parrot

le pingouin
penguin

le tigre
tiger

le zèbre
zebra

le panda
panda

le rhinocéros
rhinoceros

On Prend un Bain
Having a Bath

la robe
dress

la veste
jacket

le pull
jumper

le short
shorts

le slip
pants

la chemise
shirt

les chaussures
shoes

la jupe
skirt

les chaussettes
socks

le pantalon
trousers

le tee-shirt
T-shirt

le lavabo
basin

la baignoire
bath

le gant de toilette
flannel

le miroir
mirror

la douche
shower

le savon
soap

l'éponge
sponge

les W.C.
toilet

le papier
hygiénique
toilet paper

la brosse à dents
toothbrush

le dentifrice
toothpaste

la serviette
towel

33

Au Lit
In Bed

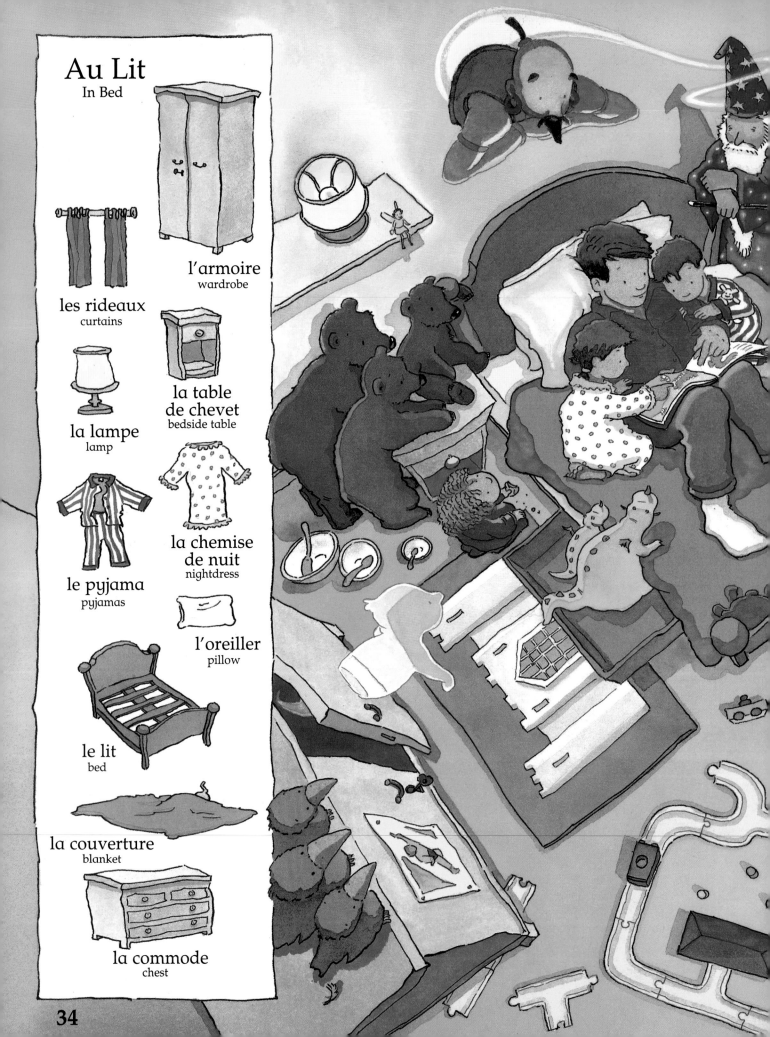

l'armoire
wardrobe

les rideaux
curtains

la table
de chevet
bedside table

la lampe
lamp

la chemise
de nuit
nightdress

le pyjama
pyjamas

l'oreiller
pillow

le lit
bed

la couverture
blanket

la commode
chest

le livre d'histoires
storybook

le château
castle

le roi
king

la reine
queen

le génie
genie

la lampe magique
magic lamp

le dragon
dragon

le géant
giant

Mots et Illustrations

Words and Pictures

Match the words with the pictures

la bague
ring

les chaussettes
socks

la chenille
caterpillar

la chèvre
goat

le chien
dog

la cloche
bell

le clou
nail

la coccinelle
ladybird

l'encre
ink

le fourgon
van

la fourmi
ant

l'helicoptère
helicopter

le jongleur
juggler

la marionnette
puppet

la montre
watch

l'œuf
egg

le parapluie
umbrella

le poisson
fish

la pieuvre
octopus

la radiographie
x-ray

la reine
queen

le roi
king

la souris
mouse

le tigre
tiger

le voilier
yacht

le zèbre
zebra

1 2 3

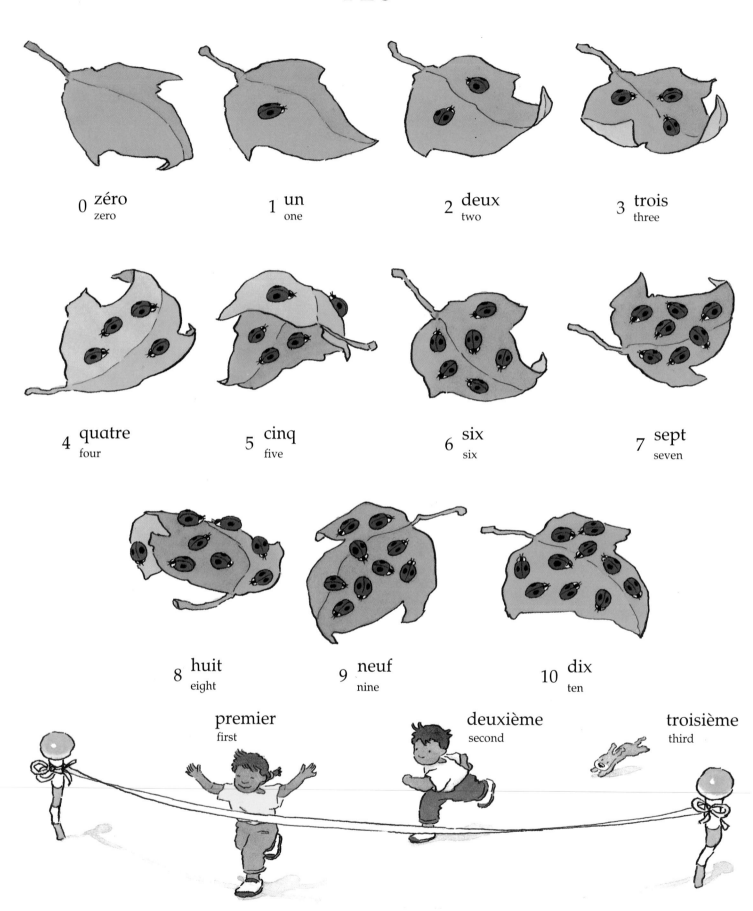

0 **zéro**
zero

1 **un**
one

2 **deux**
two

3 **trois**
three

4 **quatre**
four

5 **cinq**
five

6 **six**
six

7 **sept**
seven

8 **huit**
eight

9 **neuf**
nine

10 **dix**
ten

premier
first

deuxième
second

troisième
third

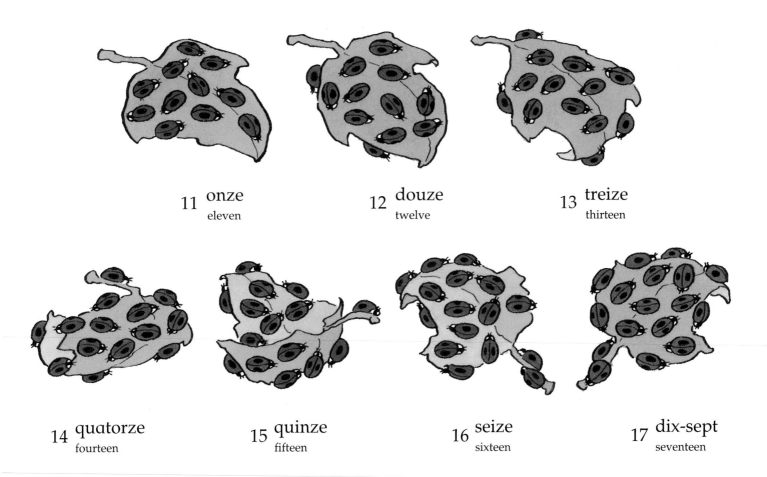

11 **onze**
eleven

12 **douze**
twelve

13 **treize**
thirteen

14 **quatorze**
fourteen

15 **quinze**
fifteen

16 **seize**
sixteen

17 **dix-sept**
seventeen

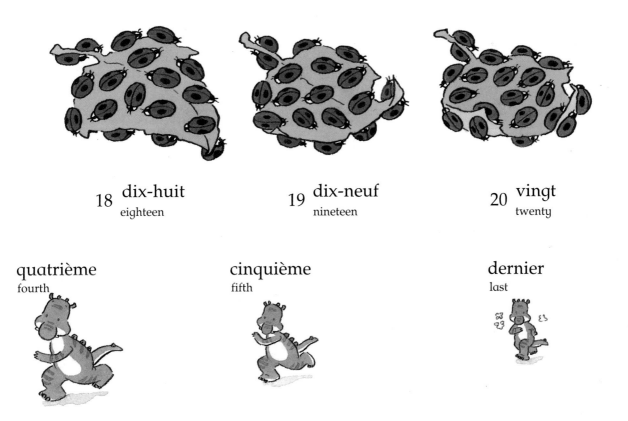

18 **dix-huit**
eighteen

19 **dix-neuf**
nineteen

20 **vingt**
twenty

quatrième
fourth

cinquième
fifth

dernier
last

Les Formes
Shapes

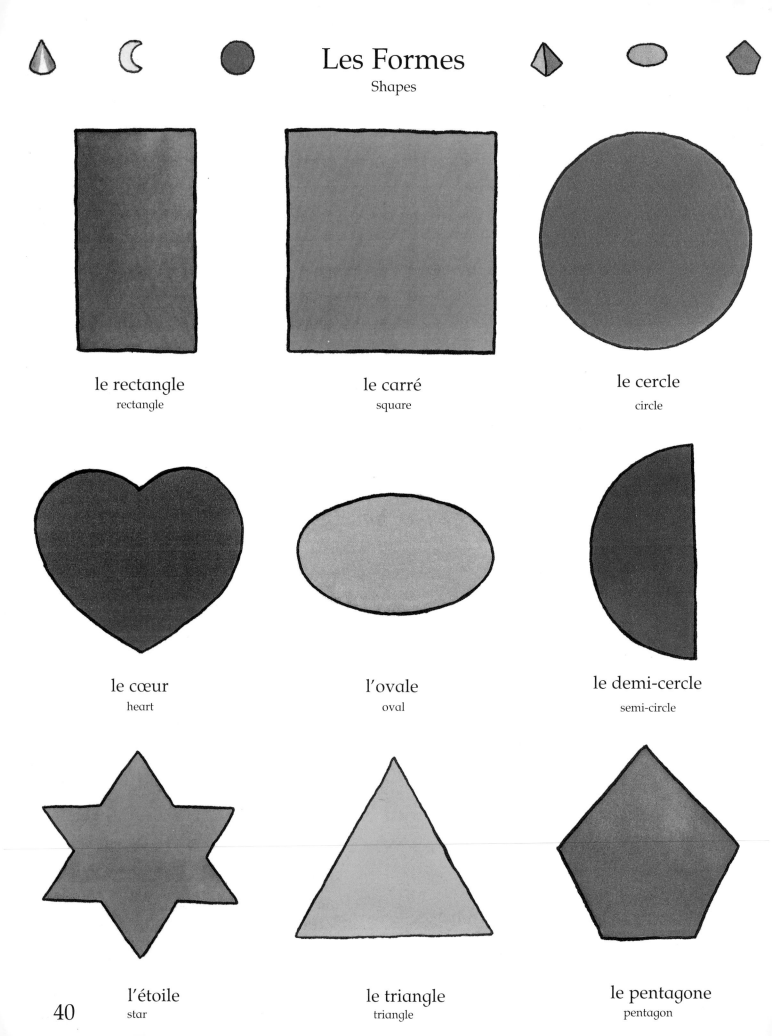

le rectangle
rectangle

le carré
square

le cercle
circle

le cœur
heart

l'ovale
oval

le demi-cercle
semi-circle

l'étoile
star

le triangle
triangle

le pentagone
pentagon

40

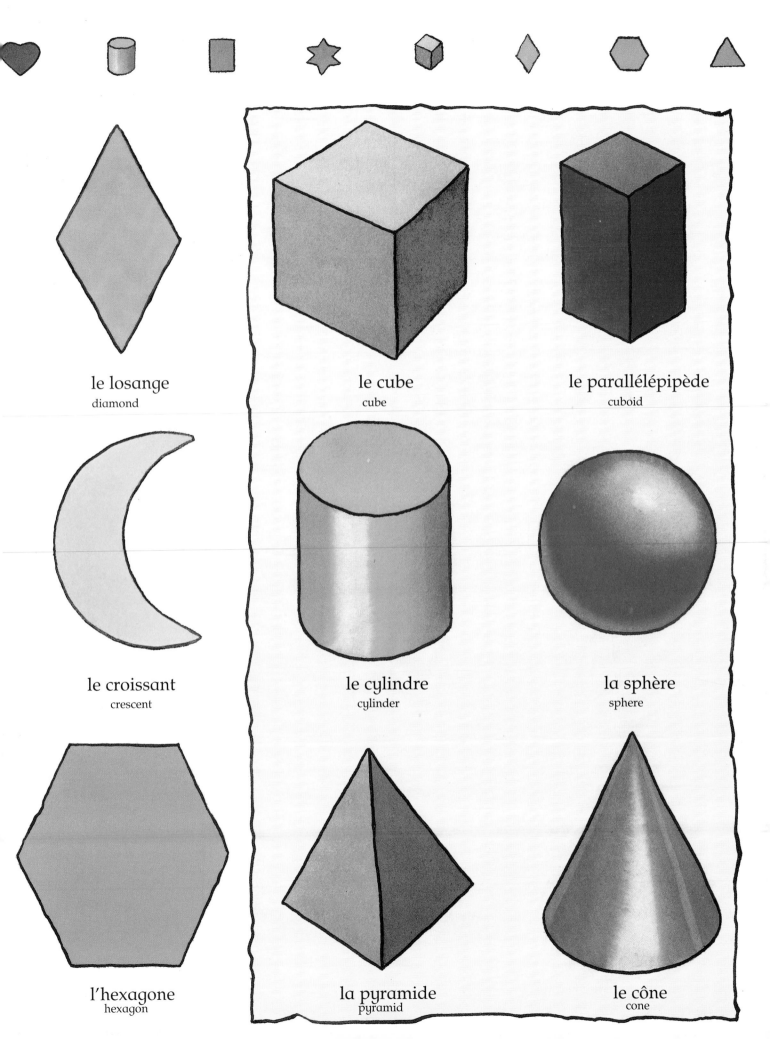

le losange
diamond

le cube
cube

le parallélépipède
cuboid

le croissant
crescent

le cylindre
cylinder

la sphère
sphere

l'hexagone
hexagon

la pyramide
pyramid

le cône
cone

Les Contraires

Opposites

grand / petit
big / small

propre / sale
clean / dirty

gros / maigre
fat / thin

plein / vide
full / empty

haut / bas
high / low

chaud / froid
hot / cold

neuf / vieux
new / old

ouvert / fermé
open / closed

sombre/clair
dark/light

rapide/lent
fast/slow

heureux/triste
happy/sad

lourd/léger
heavy/light

long/court
long/short

plus/moins
more/less

pareil/différent
same/different

humide/sec
wet/dry

43

Le Temps

The Weather

nuageux

cloudy

ensoleillé

sunny

pluvieux

rainy

enneigé

snowy

venteux

windy

brumeux

foggy

L' Heure

The Time

huit heures du matin
eight o'clock

dix heures du matin
ten o'clock

midi
twelve o'clock

deux heures de l'après-midi
two o'clock

quatre heures de l'après-midi
four o'clock

six heures du soir
six o'clock

45

Index